自宅でできる
キックボクササイズ
KICK OUT

ご挨拶

みなさん、はじめまして。岡田敦子です。

エクササイズに入る前に、少しおつきあいいただけましたら幸いです。

キックボクササイズプログラム
"KICK OUT"はいかにして生まれたか?

　私は愛媛県松山市の出身で、中・高・大と「なぎなた」をやっていました。格闘技との出会いは大学4年生のとき。なぎなたを引退した時期、友人に勧められてテコンドーを始めたのです。格闘技は初めてでしたが、なぎなたとテコンドーは構えが半身で似ていたのですんなりと溶け込めて"蹴りって楽しいな"と思いました。

　大学卒業後は司会者養成学校に入学し、地元局のリポーターやフリーアナウンサー、選挙のウグイス嬢といったアナウンス関連のことをしていました。並行してスポーツクラブに勤務していたのですが、そこで目にしたエアロビクスのインストラクターがカッコよくて楽しそうだったので、それがきっかけでエアロビクスを始め、指導者の養成コースを受けて試験に合格し、体を動かす仕事が楽しく、大きな声を出し過ぎて声が枯れてきてしまったこともあり（苦笑）、アナウンス関連の仕事はすべて辞めて、インストラクターに専念することにしました。

　インストラクターを始めてから「そういえばテコンドーを習っていたし、その動きをエアロビクスに取り入れたらどうなんだろう?」と思ったことが、現在の活動の原点となっています。20年ほど前のことですが、エアロビクスの兵頭美穂先生に相談したら一本のビデオを手渡されました。内容は、当時、日本に入ってきたばかりのボクササイズの映像でした。曲に合わせてパンチを繰り出すエクササイズを視て「カッコいい!　絶対にこれをやりたい!いや、これ以上のことをやろう!」と決めたのです。それで、テコンドーだけでなくボクシングやキックボクシング……他にも様々な格闘技を習い始め、その傍ら、エアロビクスに格

闘技の要素を入れたプログラムを模索し始めました。

　エアロビクスに取り入れるためにキックボクシングを練習し始めたのですが、キックボクシング自体が楽しくて、やがて「実際に選手になりたい！　本格的にやりたい!」と思い始めてしまいました。それで「どうせやるなら東京でやりたい」と思って、上京することを決め、25歳のときに上京しました。

　上京後も、フィットネス・エアロビクスの方面でも岩沢陽介先生に師事し、インストラクターとしてのキャリアを重ねつつ、格闘技の練習を積み、28歳でプロデビューし、その後、ムエタイ（世界中で行われているキックボクシングの本家といえる競技）のチャンピオンになることも出来ました。ただ、私の経歴として「ムエタイ王者」は誇るべきものですが、今回紹介するプログラムは「キックボクサーがその技術をエクササイズ化したもの」とは異なると考えています。

　私のキャリアのベースとしてフィットネスがあったうえで、その後に格闘技を学んでプロとなり、経験を重ねるなかで現実の闘いのスキルや理論が分かり、元々やっていたフィットネスと融合させることでできたのが、今回紹介するキックボクササイズのプログラム"KICK OUT"なのです。キックやボクシングだけでなく、空手やテコンドーの経験も積んだので、カカト落としや後ろ回し蹴りといったダイナミックなモーションも取り入れることが出来ましたし、選手として最終的に行き着いたムエタイや古式ムエタイの技術も組み込んでいます。喋る仕事をしていたことも、インストラクションを行ううえで活きていると思います。

　ずっと選手活動と並行してフィットネスをやってきて、チャンピオンになって防衛戦で負けて、その頃からインストラクターを養成する活動も始めました。それまでは自分1人でやっていたのですが、インストラクターを育てるようになって、今はもう弟子が結構いて、全国で私の開発したプログラムを広めてくれています。

キックボクササイズプログラム "KICK OUT" の理論と哲学

　キックボクササイズプログラム "KICK OUT" は、エアロビクス同様、基本的に1つのパートが8カウントのアクションで構成され、次のパートへ移っていく形となります。

　その中でフットワークを取ったりカウンターパンチを放ったり……と、実戦的な動きを取り入れているので、このプログラムを積んだ人はそのまま「ミット打ち」といった競技としてのキックボクシングの練習メニューもすんなりこなせると思います。

　格闘技はどうしても、他のスポーツに比べて敷居の高いところがあります。野球やテニス、卓球だったら、そのスポーツ自体をやれば済む話ですが、格闘技に関しては、一般の方からしたら、なかなかそういうわけにはいきません。野球エクササイズとか卓球ビクスってないですよね? 格闘技は痛そう、キツそうという敷居の高さがあって、でも同時に多くの

人が "カッコいい" という憧れを持っていて、「やりたいけど、やれない!」ものであり、だからこそ多くのスポーツクラブに、少なくとも1つは格闘技エクササイズが用意されているのです。ただ、そういった格闘技エクササイズのインストラクターは、実際に格闘技をやった経験のない人であることがほとんどです。

　私自身は、長くエアロビクス業界に従事し、フィットネスの理論を学び、一方で実際に相手と打ち合う経験を重ねることで、安全性や有酸素運動としての効率と、格闘技の実戦に即した本格的な動きを、高い位置で融合したプログ

ラムを完成させることができたと自負しています。

　今は、日本一のキックボクサーとも呼ばれる那須川天心選手の所属する TEPPEN ジムでもレッスンを持っていて、天心選手やプロの選手たちもレッスンを受けてくれています。減量に活用できるのみならず、現実の闘いにおける動きの巧さを養ううえでも、キックボクササイズに取り組むことは、有意義なようです。

　そういったプロ選手が取り組むものでありつつ、小学生であったり、フィットネスやダイエットを目的とした女性、中高年の男性まで、どんな方でも楽しめるのがキックボクササイズのよいところだと思います。

　全身運動なのでダイエットを目的にしたり、強くなりたい、カッコよくなりたいという目的でいらっしゃる女性の方も多くいます。カッコいいコンビネーションが楽しめて格闘家気分が味わえる、全身運動でシェイプアップやダイエットに繋がる、そういったところがポイントです。パンチだけではなく、キックがあり、さらにヒジやヒザまで繰り出すため、その多彩さによる楽しさ、美しさ、飽きのなさもあると思います。

　しっかりと体重移動や体幹の回旋を伴ってアクションすることで運動強度も、格闘技の技としての"キレ"や"強さ"もアップします。"KICK OUT"においては、相手の攻撃に対して体をズラしながらカウンターを合わせたり……といった全ての動きにおいて、フィットネス要素と格闘技要素、その両面において理に適うよう、組み立ててあります。

　ぜひ運動効果が高く実戦的で、そして楽しいキックボクササイズプログラム"KICK OUT"で、キックボクシングの面白さ、魅力に触れていただきたいと思います。

著者　岡田敦子

CONTENTS

3. フットワーク、ディフェンス、蹴りのステップ…71

4. エクササイズ…113

5. コンビネーション…129

実際のワークアウト…166

PROFILE

■著者
岡田敦子（おかだ・あつこ）
● 表参道キックボクシングパーソナルスタジオ代表
　〒107-0062　東京都港区南青山5-10-1　二葉ビルB1
● 格闘技エクササイズKICK OUT開発、監修
● フィットネスクラブ「ティップネス」マーシャルプログラム開発、監修
● K-1公認審判員
● インスタグラム　https://www.instagram.com/a2ko_kick

中学時代から日本古来の武道「薙刀（なぎなた）」を学び、大学卒業後はスポーツクラブにてインストラクターを務める傍ら、タレント、フリーアナウンサーとして地元メディアにも出演。2002年に上京し、岩沢陽介氏の門下生となり、都内スポーツクラブにてフィットネスインストラクターとして活動を開始するとともに、キックボクシングの道へ。2004年にプロデビューし、2009年にM-1女子初代ミニフライ級チャンピオン、2011年にW.M.F.ムエタイ世界大会ライトフライ級チャンピオンとなる。2013年、キックボクサーとしての現役引退。以降はレフェリーとして、国内外の各種イベントに参加。2016年には、タイ・バンコクで開催されたムエタイ世界大会において、決勝戦のレフェリーを務める。一方で、フィットネスと格闘技を融合させたエクササイズ、『KICK OUT』を開発。インストラクター養成コースを主宰し、都内スポーツクラブ、キックボクシングジムを中心に、初心者からアスリート、芸能人まで指導を行う。

『KICK OUT』のレッスンに興味のある方
https://www.instagram.com/kickout_japan

『KICK OUT』インストラクター養成コースに興味のある方
https://kickouta2ko.wixsite.com/kickout

■実技モデル
狩野友里（スチール&動画）
山田久美江（動画）

■制作スタッフ
書籍デザイン：ギールプロ　石川志摩子
構成：長谷川亮　編集スタジオとのさまがえる
スチール撮影：馬場高志
映像制作：アイムプロ

動画のみかた

[動画内容]
映像は、すべて、本書のためにあらたに撮影・編集したものです。各解説項目の中で、映像でみた方が理解しやすいと思われる項目について、映像での紹介を加えています。正面向きの映像に加え、お手本と同じ方向を向いてのワークアウトと同様に、動きを真似やすい「後ろ向き映像」など、複数のアングルから撮影した映像を収録しています。

[動画視聴方法]
QRコードを、スマートフォンやタブレット型パソコン等付属のカメラで撮影することで読み取り、視聴してください。

[本書に関する注意]
本書で紹介したトレーニング法・技術を実施した結果生じた事故や障害（傷害）について、著者・監修者・発行者は責任を負いません。特に、狭い室内や、不安定な場所でエクササイズを行う際は、バランスを崩したり、転倒したりといった可能性に備え、安全なスペースや用具を確保のうえ、実施していただけますようお願いいたします。

[動画視聴に関する注意]
動画は、インターネット上の動画投稿サイト（YouTube）にアップしたものに、QRコードを読み取ることでリンクし、視聴するシステムを採用しています。経年により、YouTubeやQRコード、インターネットのシステムが変化・終了したことにより視聴不良などが生じた場合、著者・監修者・発行者は責任を負いません。また、スマートフォン等での動画視聴時間に制限のある契約をされている方が、長時間の動画視聴をされた場合の視聴不良などに関しても、著者・発行者は責任を負いかねます。

本書および動画に関するすべての権利は、著作権者に留保されています。著作権者の承諾を得ずに、無断で複製・放送・上映・インターネット配信をすることは法律で禁じられています。また、無断で改変したり、第三者に譲渡・販売すること、営利目的で利用することも禁じます。

1

フィットネススタンス

両足を平行にする基本の構え＝フィットネススタンス。
まずこの立ち方から技を繰り出し、
キックボクシングの基本を身につけていく。

フィットネススタンスでの
手技の動画はこちら

フィットネススタンス

両足を平行にした基本の立ち方「フィットネススタンス」。足は肩幅より少し広め、拳を握ってアゴの高さで構える。体重は母指球に乗せ、足の外側へ乗らないよう注意。肩の力を抜いてリラックスする。実際に相手と闘う競技としてのキックボクシングにおいては、次章で紹介する「利き足を後方に下げた半身のスタンス」で構えるが、フィットネスとしては、ここで紹介するフィットネススタンスから左右対称のアクションをする方が、容易かつ、身体能力の左右差（筋力や関節可動域の差）が生じにくく、相応しいと考えられる。

01 フィットネススタンススストレート

構えから拳を真っすぐに伸ばして、真っすぐに戻す。
左を打つなら体重を右に乗せ、右を打つなら体重を左に乗せて打つ。
打っていない方の手は顔の横でガードする。

【右ストレート】

【左ストレート】

打つ時に体重が乗ってない

体重を移しすぎて体幹が傾
き、片足が浮いた不安定な
状態となっている

反対の手のガードが
落ちてしまっている

フィットネススタンスストレートの打ち方

体の中心の基本軸を意識して、体重移動をしながら軸を回転させて打つ。

\ Set /
0 1 2

3 4 5

6 7 8

慣れてきたらウェスト・肩甲骨・背中を意識して、体を回して打つ。当たる瞬間に拳を返すことで二の腕も引き締めることができる。

フィットネススタンスフック

肘を90度に開いて曲げ、足・腰の動きで真横に振る。
打ったら足・腰の動きで元に戻る。反対の手はしっかり上げてガードする。

【右フック】　　　　　　　【左フック】

15

フィットネススタンスフックの打ち方

右フックを打つ時は左足に、左フックを打つ時はしっかり右足に体重を乗せて打つ。
右を打つ時は右膝を、左を打つ時は左膝を、しっかりパンチと同じ方向に向け回転させる。

03

フィットネススタンスアッパー

足の力を使って下から上へ打つ。腕を曲げたまま下に下げ、
腕だけでなく体全体で持ち上げるイメージで上に打つ。

【右アッパー】 【左アッパー】

フィットネススタンスアッパーの打ち方

足から腰、そして腕と連動させて下から上へ打つ。沈まないよう、お尻を使って上に打つ。

フィットネススタンスアッパーNG例

体が連動しておらず、下から上への動きがない。
ヒジ関節の伸展→屈曲で拳を移動させる、いわゆる手打ちになってしまっている。

体を沈めているがそこから体を持ち上げる動きがなく、やはり手打ちになってしまっている。
体で引っ張り最後に手がついてくるイメージで打つ。

04 フィットネススタンスエルボー

エルボーは拳を開き、手首の力を抜いて打つ。
距離の短い攻撃なので、腕を曲げて腰を回転させコンパクトに放つ。
パンチよりも近い距離で出す攻撃のため、ガードは目の位置まで上げる。

【右エルボー】　　　　　【左エルボー】

NG

体を回転させて打つのでなく、
お尻を付き出して打つ形に
なっている。

フィットネススタンスエルボーの打ち方

手を開き、腕を折り畳んで体の回転でコンパクトに振る（親指が下、手の平が前に向くぐらい折り畳む）。しっかり腰を回して、手だけの手打ちにならないようにする。

05

フィットネススタンスヒザ蹴り

ヒザ蹴りには相手を掴まないで繰り出すテンカオと、
相手の後頭部を掴んで繰り出すクリンチニーの2つがある。

【テンカオ】

【クリンチニー】

テンカオ

テンカオとはタイ語で「テン」＝突き刺す、「カオ」＝ヒザ。
相手を掴まないで放つヒザ蹴り。膝を畳んで、足首は裏側に返して繰り出す。
腰・骨盤を付き出すように放つ。相手に突き刺すイメージで。前蹴りと似た動きとなる。

クリンチニー

相手の後頭部を掴み、手前に引きながら放つヒザ蹴り。
軸足を一歩踏み込み、相手を掴むと同時に蹴り足を後方へ引き、
そこから前方に蹴り出す（相手の頭を引き寄せながら）。

テンカオ＆クリンチニーの実例

※実例……実際のキックボクシングの試合において、どのように使われているのかを、相手に対しての実演にて解説します。

【テンカオ】

相手と距離がある場合にガードを上げたまま一歩踏み込んで相手に近づき、自分の膝が真っすぐ出ていくイメージで突き刺すように繰り出す。

【クリンチニー】

テンカオよりも相手との距離が近い時に、手を伸ばしてガードの内側から相手の後頭部を掴み、同時に蹴り足を後方へ引く。そして相手を前方に引きつけながら同時にヒザを入れる。

06 フィットネススタンス前蹴り&プッシュキック

前蹴りは、足の指の付け根部分（中足）で蹴る蹴り。踏み込んで足を上げ、相手に向かって足を伸ばして蹴る。横から見ると下から上に蹴り上げる形となる。プッシュキックは、相手を遠くに押すキック。一見、前蹴りと同様のフォームだが、前蹴りが下から上へ蹴り上げるのに対し、プッシュキックは一旦膝を抱えるように上げ、そこから腰を前に突き出して放つ。

【右前蹴り】

【左前蹴り】 --

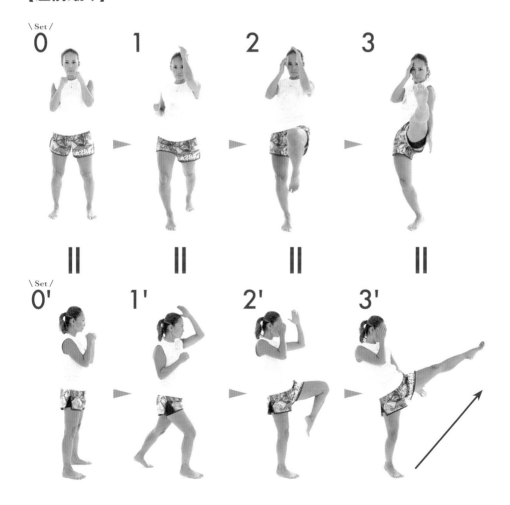

\ Set /
0   1   2   3

‖   ‖   ‖   ‖

\ Set /
0'   1'   2'   3'

27

【右プッシュキック】 -

【左プッシュキック】 ---

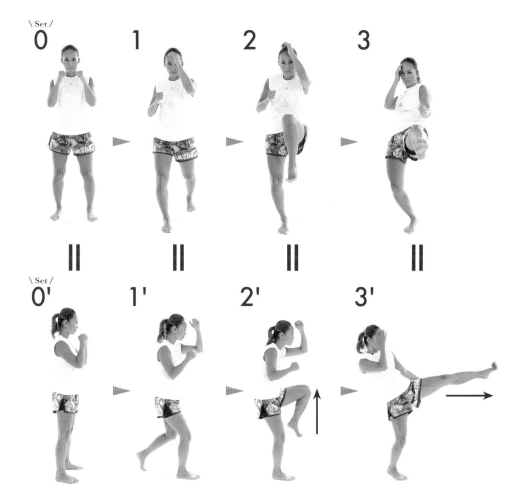

\ Set /
0 　 1 　 2 　 3

＝＝ 　 ＝＝ 　 ＝＝ 　 ＝＝

\ Set /
0' 　 1' 　 2' 　 3'

前蹴りの実例

相手がパンチを放ってこようと挙動に入ったところを見て取り、
素早く足を上げてカウンターで前蹴りを入れ、相手のパンチを届かなくさせる。
相手と距離を取るためにも使う。単発でもコンビネーションでも使える。

【左前蹴り】

相手の左ジャブに
左前蹴りを合わせる

【右前蹴り】

相手の右フックに
右前蹴りを合わせる

前蹴りとプッシュキックの違い

前蹴りは下から蹴り上げるように放つの対し、
プッシュキックは遠くへ伸ばすようにして放つ。
プッシュキックは前蹴りに比べ、腰を後ろに反らせる動きが大きくなる。

【前蹴り】

【プッシュキック】

07 フィットネススタンスローキック

構えから一歩踏み込んで相手の太ももを目がけて蹴る。
踏み出した足はベッタリ地面につけ、ヒザを曲げ、重心を落として蹴る
（カカトを浮かせ、重心を上げて蹴るミドルとは異なるので注意）。

【右ローキック】

【左ローキック】 ------------------------------------

\ Set /
0　　　1　　　2　　　3

=　　　=　　　=　　　=

\ Set /
0'　　　1'　　　2'　　　3'

ローキックの実例

相手と向き合ったところから斜め前に一歩踏み出し、
膝を曲げて重心を落として上から下に蹴り込むように蹴る。
ミドルやハイといった高い蹴りのように軸足が伸びてしまわないよう気をつける。

【逆サイドから】

ローキックのNG例

軸足の膝が伸び、重心が高いまま蹴ってしまっている例。正しくは、足裏をカカトまでベッタリとつけ、意識的に軸足の膝を曲げて重心を落として蹴るようにする。

蹴り足を引き戻さず、振り切っている例。実戦を意識したシャドーボクシングでは、クルリと回転するように放つ場合もあるが、フィットネスとしては、蹴りを放ったあと基本のフィットネススタンスに戻るようにする。

08 フィットネススタンスミドルキック

相手のわき腹を狙って放つ蹴り。足を一歩踏み込み、
余裕があればその足のカカトを浮かせ、ヒザを伸ばし、
重心を上に引き上げながら蹴る。
手を大きく振って勢いをつけるとともにバランスを取る。

【右ミドル】

\Set/
0 ▷ 1 ▷ 2 ▷ 3

‖ ‖ ‖ ‖

\Set/
0' ▷ 1' ▷ 2' ▷ 3'

【左ミドル】

09 フィットネススタンスニーブロック

足を高く上げ、相手の蹴りをブロックするディフェンス法。
膝が肘につくぐらいまで高く上げる。上げた足のつま先は下に向け、
可能であれば軸足のカカトも上げて重心を上げる。

【右ニーブロック】

\ Set /
0 ▶ 1 ▶ 2

‖ ‖ ‖

\ Set /
0' ▶ 1' ▶ 2'

【左ニーブロック】

\ Set /
0

1

2

\ Set /
0'

1'

2'

ニーブロックの実例&NG例

相手が蹴りのモーションに入ったのを見て取り、自分も素早く反応して左足を上げ始め、
右ミドルを左足でブロックする。

左ミドルを右足でブロックする。左手を前に伸ばしてディフェンスする場合もある。

上体を下げて足を迎えに
行くようにしてしまわない。
足を上げる側のわき腹を
締め、骨盤を引き上げる。
下半身を上げる意識で。

2

ノーマルスタンス

通常のキックボクシングの構えとなる
ノーマルスタンス（オーソドックス＆サウスポー）。
フィットネススタンスで学んだ技をより
実戦的な形で繰り出していく。

ノーマルスタンス
（オーソドックス＆サウスポー）

フィットネススタンスから右足を一歩引く（※右利きの場合。左利きでサウスポーの場合は左足を一歩引く）。前足は前方もしくは少し内側に向け、後ろ足はカカトを上げて構える。体重は6:4ぐらいの比率で、やや前足寄りに置く。足の幅は肩幅ぐらいで開く。膝は伸び切らず少し緩めた状態にし、いつでも前後左右にフットワークが取れるようにする。

【オーソドックス】

右利きの場合、フィットネススタンスから右足を一歩引いて構える。

【サウスポー】

左利きの場合は左足を引いて構え、体重の比率、足幅などは全てオーソドックスの逆でそれに準じる。

01 ノーマルスタンスジャブ

相手の顔を狙い、真っすぐ打って真っすぐ戻すパンチ。
前足を一歩踏み込みながら打つ。脇が開かないように締め、
最短距離で繰り出す。

体重をしっかり前に乗せて打ち、アゴを引いて打ってる側の腕で自分のアゴをショルダーブロックで守る。
けん制や距離を取ったりするために使うパンチなので、戻しは速くすること。

02 ノーマルスタンスボディジャブ

身を沈めて素早くボディに前手を伸ばすパンチ。
顔へのジャブ同様スピードを意識し、手を速く戻す。

踏み込んだ足の膝をしっかり折り曲げ、身を沈めて放つ。打ったら前足を戻しつつ、素早く元の構えに戻る。

03

ノーマルスタンスストレート

後ろ足のカカトをしっかり上げて前足に乗って打つ。
体を回転させ、同時に後ろから前への体重移動を
行いながら右手を伸ばす。

反対の手はしっかり上げてガードを落とさない。左膝・左足が外側へ流れないよう注意する。足がしっかりしないとパンチも外側へ
流れてしまう。前膝はしっかり折って体重移動を促す。前膝がグラついたり、伸びたりしてしまう人はP125参照。

04 ノーマルスタンスボディストレート

顔を狙う時よりも前足を前方に踏み込み、
身を沈めて相手のボディにストレートを伸ばす。
打ち終わった後は手と足を引きながら元の構えに戻していく。

注意点は顔を狙うストレートと一緒。左手のガードを下げず、前足に体重を乗せて外側へブレないようにし、
土台をしっかりさせた上で右手を真っすぐ伸ばす。

05

ノーマルスタンス左フック

前足に体重が乗った状態から、体を回して左フックを打ちながら右足へ
体重を移していく。体の回転が先行して腕が後からついてくる感じとなる。

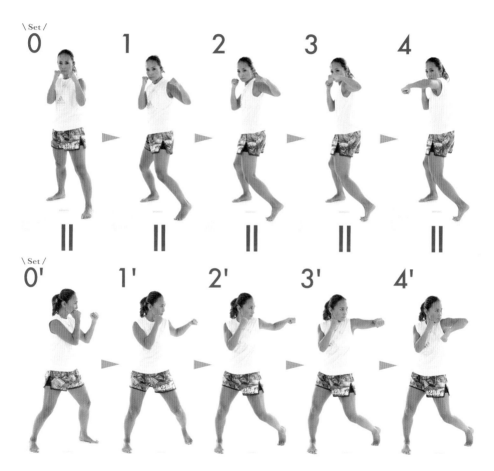

\ Set /
0　　　1　　　2　　　3　　　4

\ Set /
0'　　　1'　　　2'　　　3'　　　4'

前足はカカトを上げつま先を中心に回転させ、スムーズな体重移動を促す。
実戦では、相手との距離やコンビネーションの流れによっては、前足に体重を乗せたまま左フックを打つこともある。

ノーマルスタンス右フック

右フックはやや上から被せるように打つ。
手打ちにならないよう、頭を左足の上に移動するのと同時に
体重を乗せながら打つ。

前足への体重移動と体の回転を並行して行う。しっかり前足に体重を乗せて打つのがポイント。

右フックの注意点

同じフックでも左と右では打ち方が異なるので注意。
右フックは肩を使い、上から打ち下ろす軌道で打つ。

肩を上げず打ち下ろさない、左フックのような軌道で右フックを放つと
ショルダーブロックができず自分の顔を守ることができない。

07 ノーマルスタンス左アッパー

構えから両膝を曲げつつ体を左に捻ってタメを作り、
膝を伸ばす力で上に突き上げアッパーを打つ。

右手はしっかり上げて顔の反対側をガードする。体を回す動きと上に上がる動きを連動させる。
相手との距離やコンビネーションの流れによっては、後ろ体重でアッパーを打つこともある。

08 ノーマルスタンス右アッパー

構えから一瞬下に沈んで、そこから右手を突き上げて打つ。
右アッパーも体の回転と上がる動きを連動させる。
相手のガードの間を狙って打つイメージで。

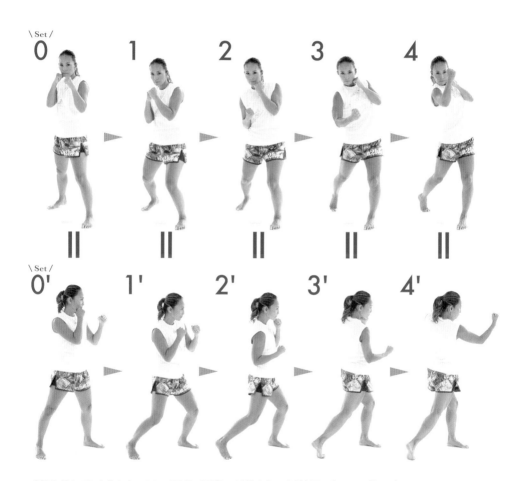

一瞬下に沈んでタメを作るが、このタメが長くなり過ぎないよう注意する。左肘も開かず、しっかり締めて打つ。

09 ノーマルスタンス左エルボー

至近距離からコンパクトに腕を畳みコンパクトに振るう攻撃。
アゴを引き、反対の右手はしっかり上げて顔をガードし左肘を振るう。

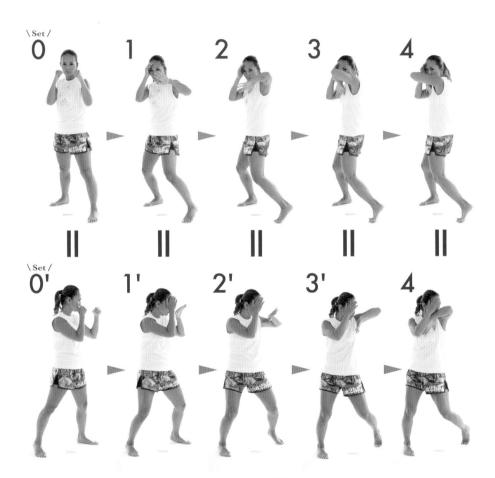

フックのように前足のカカトを上げ、つま先を回転させながらエルボーを繰り出す。
拳を握らないことで手首の力が抜け、肘へ力が伝わりやすい。

10 ノーマルスタンス右エルボー

前足に体重を乗せ、肩をしっかり回して振っていく。
右フックのようにナナメ上から打ち下ろすように振る。

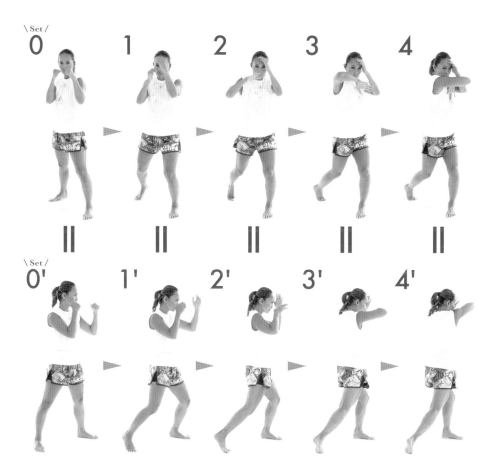

やはり左手のガードを落とさず、後ろ足をしっかり回転させ、上から下に振り下ろすイメージで放つ。

11 ノーマルスタンステンカオ

軸足を一歩踏み込みつつ、蹴る側の腕を振り上げる。
手を振り下ろしながらヒザを繰り出していき、前方に突き刺すように、
相手のお腹を狙ってヒザを繰り出す。軸足のヒザを伸ばし、
かかとを上げることでバランスよくきれいなフォームで蹴れる。

【左テンカオ】

【右テンカオ】

ノーマルスタンスクリンチニー

12

掴んでのヒザはカウント1で足を引きつつ相手の頭を掴み、
カウント2で腕を引きながらヒザを繰り出し（写真はここまで）、
カウント3、4で構えに戻る。掴むことで相手との距離が狭まるので、
足を後方に引いてスペースを作ってヒザを突き刺す。

【左クリンチニー】

\ Set /
0 　 1 　 2 　 3

\ Set /
0' 　 1' 　 2' 　 3'

【右クリンチニー】

\ Set /
0 ▶ 1 ▶ 2 ▶ 3

‖　　‖　　‖　　‖

\ Set /
0' ▶ 1' ▶ 2' ▶ 3'

13 ノーマルスタンスフロントキック

カウント1で後ろ足を寄せる、前足を踏み込むなどの予備動作を行い、カウント2で前方に蹴りを繰り出し（写真はここまで）、カウント3、4で蹴り足を戻し構えに戻る。フロントキックは相手との距離が短い場合などにスピーディーに放つ。実戦では予備動作なしで蹴る場合もある。

【左フロントキック】

\ Set /
0　　　1　　　2　　　3

\ Set /
0'　　　1'　　　2'　　　3'

【右フロントキック】 ---------------------------------

\ Set /
0

1

2

3

=

=

=

=

\ Set /
0'

1'

2'

3'

14 ノーマルスタンスプッシュキック

予備動作（後ろ足を寄せる、前足を踏み込む）をしながら膝を上げる。
そこから腰をせり出し背中を倒しながら蹴りを放って足を戻す。
膝を抱えてしっかりタメを作り、それを前方に蹴り出し解放する。

【左プッシュキック】

\ Set /
0 ▶ 1 ▶ 2 ▶ 3

‖ ‖ ‖ ‖

\ Set /
0' ▶ 1' ▶ 2' ▶ 3'

【右プッシュキック】 -

\ Set /
0

▶

1

▶

2

▶

3

‖　　‖　　‖　　‖

\ Set /
0'

▶

1'

▶

2'

▶

3'

ノーマルスタンス左ローキック

相手の前足の内股をすばやく蹴るインローと呼ばれる蹴り。
カウント1で後ろ足を静かに寄せ、カウント2で蹴り足を繰り出し、
カウント3、4で足を引き構えに戻る。
後ろ足を寄せるステップは後述のスライドシャッフルとなる（P108）。

左ローの注意点

蹴る際に頭が突っ込んだ形にならないよう気をつける。
また反対の手のガードをしっかり上げ、相手のパンチをもらわないようにする。

16 ノーマルスタンス右ローキック

カウント1で左足をナナメに踏み込みつつ右腕を振り上げ、
カウント2で一気に蹴りを放ち（写真はここまで）、
カウント3、4で元の構えまで戻る。ヒザを曲げて踏み込んで重心を落とし、
体重を乗せ、相手の太ももを狙って蹴る。

\ Set /
0 1 2 3

‖ ‖ ‖ ‖

\ Set /
0' 1' 2' 3'

ノーマルスタンス左ミドル

構えから足を入れ替えるクイックスイッチで右足を前に出し、
左ミドルを蹴り込む。素早く足を入れ替えて軸を作り、
腕の振りを利用して相手の脇腹へ蹴りを飛ばす。
蹴りは上半身を使うのがポイントとなる。

ノーマルスタンス左ミドル（振り切り）

通常、蹴った後は足を蹴り戻して次の技に繋げるが、
足を戻さずそのまま振り切る場合もある。
蹴った後で足を着地させたら振り返るようにして足を戻し、元の構えに戻っていく。

ノーマルスタンス右ミドル

1でナナメ45度に足を踏み出しつつ、右腕を振り上げる。
その腕を振り下ろしながら右足を走らせて右ミドルを決める。
上半身をしっかり使うことで蹴りが全身での攻撃となる。

ノーマルスタンス右ミドル(振り切り)

右ミドルの振り切りバージョン。
左足はカカトを上げてしっかり回転させて右ミドルを振り切る。
相手に背を見せた時間をあまり作らず、すぐに足を戻して元の体勢に戻る。

\ Set /

0　1　2　3

4　5　6　7

ノーマルスタンス左サイドキック

構えから後ろ足を寄せ、足幅を狭めたところから
左足を引き上げて膝を抱え込み、左足を遠くに解き放つ。
膝を上げた時に腕を交差させ、
足と一緒に手を伸ばすようにすると蹴りを出しやすい。

20 ノーマルスタンス右サイドキック

構えから前足をナナメに踏み込み、手を交差させながら右足を抱え込む。
そこから右手を前方に突き出すのと同時に右足もサイドキックで
蹴り放つ。左手は左サイドキックの時と同様、腰周辺に引き手を取る。
うまくできない人はP126〜を参照。

\ Set /
0 ▷ 1 ▷ 2 ▷ 3

‖ ‖ ‖ ‖

\ Set /
0' ▷ 1' ▷ 2' ▷ 3'

3

フットワーク、ディフェンス、蹴りのステップ

攻撃だけでなく防御と合わせ一体となるキックボクシング。
この章ではディフェンスに加え
フットワーク、蹴りのためのステップも学んでいく。

蹴りのステップの
動画はこちら

フットワーク

後ろ足のカカトを上げ、床を蹴って進行方向の足から動く。相手から足の裏が見え、フットワークでなくステップになってしまわないよう気をつける。

\ Set /
0
構えから

1
右足で地面を蹴って左足を前に

2
右足を引き寄せる

3
左足で地面を蹴って右足を後ろへ

4
左足を後ろへ引く

5
左足で地面を蹴って右足を右へ

6
左足を離れた分寄せる

7
右足で地面を蹴って左足を左へ

8
右足を左足に寄せる

膝を曲げてバネを利かせ、前後左右への移動、体重移動がスムーズに行くようにする。
パンチは先に足から動き、足から連動して手が動くよう意識する。

\ Set /
0

構えから

1

右足を蹴って左足を前に進める

2

右足を左足に寄せる

3

左足を蹴って右足を後ろへ

4

左足を右足に寄せる

5

左足を蹴って右足を右へ

6

左足を右足に寄せる

7

右足を蹴って左足を左へ

8

右足を左足に寄せる

02 ダッキング

相手のパンチをしゃがんでかわす動き。
足幅が狭いとしゃがみにくいので、足を少し開いてしゃがみ込む。
しっかり下半身・足を使って身を沈め込む。

ダッキングのNG例

足幅が狭いとしゃがみづらく、十分に体を落とせない

ダッキングの実例

相手が顔を狙ってくるパンチ、左右どちらであってもダッキングでかわすことができる

03 ウィービング

外から来るフックに対して沈み込み、反対側に出てかわす動き。
左ウィービングでは右から左へ、右ウィービングでは左から右へ
しっかり体重を移動する。頭で半円を描くように動く

【左ウィービング】 --

【右ウィービング】 --

\ Set /
0　　1　　2　　3

\ Set /
0'　　1'　　2'　　3'

ウィービングの実例

【左ウィービング】---

【右ウィービング】

04 パリー

相手のパンチを手で払う防御法。
手は大きく動かさず、コンパクトに動かす。
手だけでなくサイドステップと一緒に使うとより効果的となる。
相手は正中線を狙ってくるので、それをサイドにかわしながら手でもよける。

【左パリー】

【右パリー】

\ Set /
0

1

2

3

|| **||** **||** **||**

\ Set /
0'

1'

2'

3'

サイドステップが大きくなり過ぎるとバランスを崩し、パリーの動きが大きくなり過ぎるとガードが空くので注意する。パリーした後は素早く元の構えに戻る。

パリーの実例

【左パリー】

【右パリー】

05 ブロック

アゴを引き、しっかり腕を曲げて力を入れ、スペースを無くして
相手の攻撃を受ける。アゴとテンプル（こめかみ）をディフェンスする。
体重をやや前に置き、体を内側へ締めるよう意識する。
体を捻ることで次の攻撃、反撃に繋ぎやすくなる。

【左ブロック】

\ Set /
0 ▶ 1 ▶ 2 ▶ 3

‖   ‖   ‖   ‖

\ Set /
0' ▶ 1' ▶ 2' ▶ 3'

【右ブロック】

\ Set /
0 ▶ 1 ▶ 2 ▶ 3

=

\ Set /
0' ▶ 1' ▶ 2' ▶ 3'

ブロックの実例

【左ブロック】

【右ブロック】

スリッピング

相手のストレートパンチを紙一重でサイド
もしくはナナメ前にかわすスリッピング。
左スリッピングでは左足に、右スリッピングでは
右足に乗っていくようにする。

【左スリッピング】

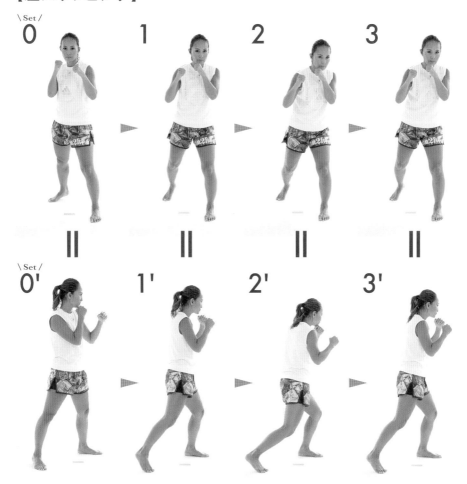

\ Set /
0   1   2   3

0' 1' 2' 3'

体重移動してかわすのでなく、
上体だけを動かすのはNG。実
際の闘いではなるべく小さな動
きでかわすために、体重移動を
せず、上体だけの動きでかわす
場合もあるが、エクサイズとし
ては大きくシフトウェイトする。

【右スリッピング】

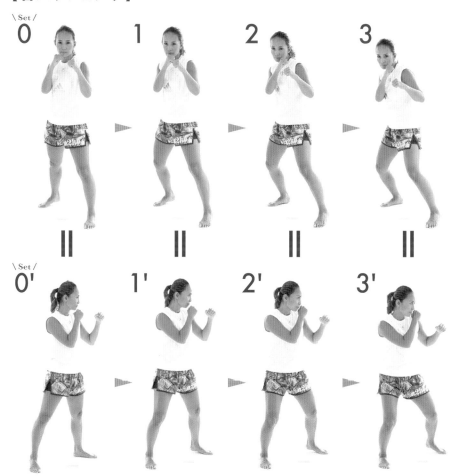

\ Set /
0　1　2　3

‖　‖　‖　‖

\ Set /
0'　1'　2'　3'

スリッピングの実例

【左スリッピング】 --

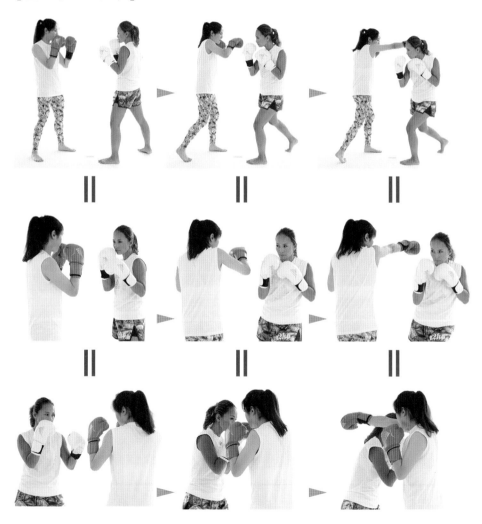

【右スリッピング】

07 蹴りのはらい①

相手の蹴りに対し、やや足を引きながら腰を引いて懐を深くし、
手でさばいて横に受け流す。
左手・右手を半円を描くように動かし、相手の蹴りを外へはじき出す。

【左手・内回し】

【右手・内回し】

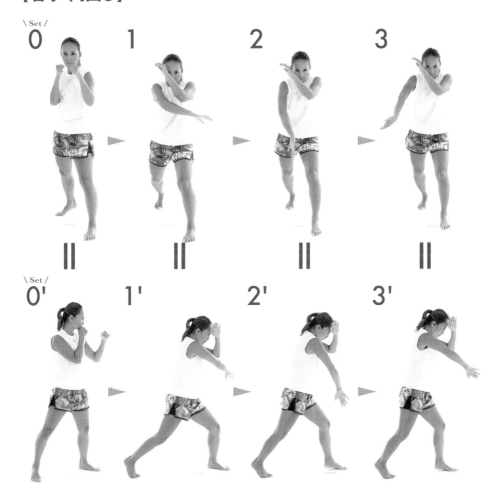

\Set/
0　　　1　　　2　　　3

‖　　　‖　　　‖　　　‖

\Set/
0'　　　1'　　　2'　　　3'

蹴りのはらいの実例①

相手の前蹴りを手ではらう実例①。
相手の前蹴りが来ると察知した時点で右足を後ろに引いて懐を深くし、
手を回転させて足をはらう。左前蹴りは左手で、右前蹴りは右手ではらう。

【左手・内回し】

08 蹴りのはらい②

やはり足を引くことで後方へ腰を引き、
懐を深くして手で蹴りをはらうディフェンス。
手で相手の足を引っ掛ける、あるいは持って横へ受け流す。

【左手・外回し】

【右手・外回し】

蹴りのはらいの実例②

相手の前蹴りを手ではらう実例②。
相手の前蹴りを感知したら素早く右足を引いて懐を深くし、
左手で右前蹴りを、右手で左前蹴りをはらい、相手を横もしくは後ろ向きにさせる。

【左手・外回し】 --

蹴りを両手で取りにいってしまうのはNG。顔のガードが空き、蹴りがフェイントだった場合顔にパンチを受けてしまう。どちらかの手で蹴りをさばいても、もう片方の手は必ずガードに残しておく。

【右手・内回し】

09 バックステップ

文字通り後ろにステップバックして、
相手の攻撃を当たらせずに空振りさせる。手は下げず、
前方に伸ばして相手の攻撃を防ぐとともに視界を遮る。
相手の攻撃が終ったら、すぐ前に出て間合いを戻す。

バックステップのNG例

手の位置が低いとバックス
テップが遅れた時に顔へ
相手の攻撃を受けてしまう
恐れがある。正しくは、手は
相手の顔の高さで前方に
伸ばす。

バックステップの実例

前蹴りを放ってくる相手に対し、左足で地面を蹴り、
右足から先に後方へ下がる。左足も引き寄せ、相手
の前蹴りを自分の懐で空振りさせる形となる。下ろし
た相手の足にローキック見舞うなどしてもよい。

10 クロスステップフロント

前足で蹴りを放つため、後ろ足を踏み出して
前足よりも前に置くステップ（後ろ足が前足を交差＝クロスする）。
実例ではクロスステップフロントから左ミドルに繋いでいる。

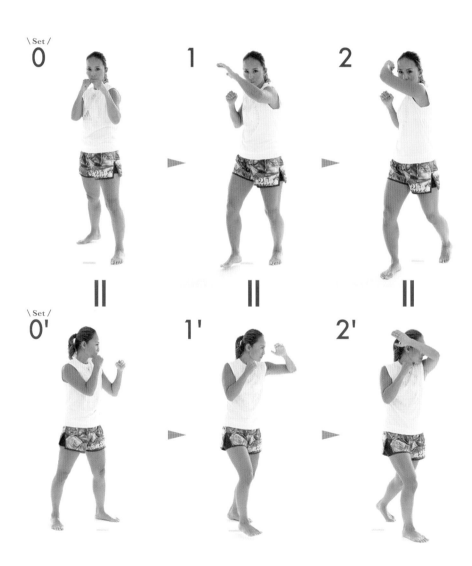

クロスステップフロントから蹴りへの実例

クロスステップバック

後ろ足を運び、前足の後方で交差させるクロスステップバック。
このステップを踏むことで腰が横に向き、前足の蹴りが繰り出しやすくなる。
実例ではサイドキックに繋げている。

クロスステップバックから蹴りへの実例

クイックスイッチ

前足での蹴りを出すために、その場で軽く飛ぶようにして前後の足を入れ替えるステップ。後ろ足を踏み込むクロスステップフロントに対し、クイックスイッチは両足を操作する。ただし、両足同時にステップするのでなく、左足（前足）を引くステップを先行させる。

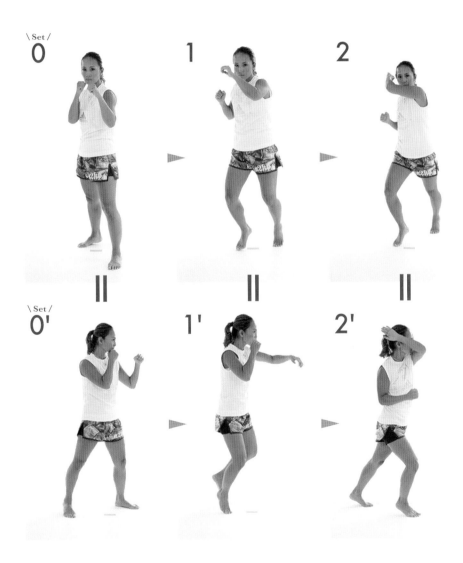

\ Set /
0

1

2

\ Set /
0'

1'

2'

クイックスイッチから蹴りへの実例

スライドシャッフル

後ろ足を前足の後ろへコンパクトに寄せるスライドシャッフル。
ここからインローや前蹴りといった直線的な蹴りと相性がよい。
回し蹴り系の時はクロスステップフロントやクイックスイッチ、
ステップターンアウトが適している。

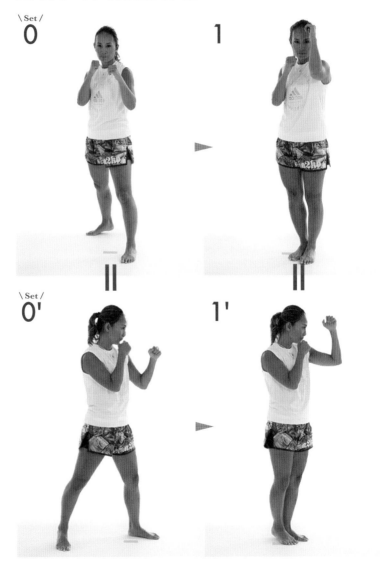

\ Set /
0

1

\ Set /
0'

1'

スライドシャッフルから蹴りへの実例

Front

Side

14 ステップターンアウト

後ろ足での蹴りを放つ際に用いるステップターンアウト。
構えからナナメ前に踏み出し、その後に繋がる体の回転を促す。

\ Set /
0   1   2

\ Set /
0'   1'   2'

ステップターンアウトから蹴りへの実例

Front

Side

実は、私のワークアウトにおいて、この本に書いてあることはあまり説明しません！ なぜならば……

　本の真ん中まできて今さらなのですが（W）、実は、私が実際のワークアウトを行う際、参加者のみなさんに、この本で解説しているようなことを説明することは、ほぼありません。

　なぜなら、ワークアウトの主目的は、絶え間なく動いて有酸素運動を楽しむことであり、実際の格闘技の技術としてみた場合にその動きがセオリーに適ったものでなくとも、運動量に繋がっていれば、楽しければ、まずはオッケー！　だからです。

　キックボクシングの試合に出て勝利することが目的であれば、むろん、フォームを細かく修正するために動きを止めて解説をしますが、キックボクササイズのワークアウト中にそんなことをしていたら、有酸素運動としての効果は薄くなってしまいます。

　「ご挨拶」で記した通り、私の開発した格闘技エクササイズ「KICK OUT」は、単にキックボクシングの動きをエクササイズ化したものではなく、フィットネスの理論に基づいたものです。例えば、ミドルキック（回し蹴り）と横蹴りにおける腕の動きの違いにも下記のような論理があり、ワークアウトに参加する方にも知っていただきたいところではあるのですが、プライオリティーで考えれば、やはり、そのようなことの解説をワークアウト中に行うまでには至らないのです。

　それだけに、普段は出来ない細かな解説ができるこの書籍の出版は貴重な機会であり、みなさんには、じっくりとキックボクササイズにおけるパンチやキック、エルボー、ニー、ステップ、ディフェンス……のフォームについて理解していただければと思います。実際のワークアウトについては 166 〜 167 ページにおいて映像（QR コード）のみで紹介していますが、その映像を理解するために、165 ページまでの写真と解説文があるのです。

ミドルキック（回し蹴り）　　　　　サイドキック（横蹴り）

体幹の回旋と四肢の連動は、求心性回旋動作（対角線を成す一対の手足が前方正中線に対して交差するように近づきながら力を発揮する動作）と遠心性回旋動作（対角線を成す一対の手足が前方正中線に対して遠ざかりながら力を発揮する動作）に大別され、ミドルキック（回し蹴り）は一般的に遠心性→求心性回旋動作を用いて蹴る。一方、サイドキック（横蹴り）は、一般的に求心性→遠心性回旋動作を用いて蹴る。

※こういった原理まで知りたい方は、9ページ掲載の「『KICK OUT』インストラクター養成コース」まで、どうぞ！

4
エクササイズ

自宅で、畳一枚の広さがあればできる
体の使い方を学ぶエクササイズ。
レッスンの前後、あるいは自主的に実施することで
技のキレが格段に変わってくる。

骨盤の上げ下げ

蹴りは必ず片足を上げた状態で繰り出すため、バランスが重要となる。
そのバランスと軸を取るためのエクササイズ。

座った状態から両手で足先を握って床から浮かす

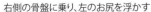

右側の骨盤に乗り、左のお尻を浮かす

左側の骨盤に乗り、右のお尻を浮かす

足を掴む・浮かすのが難しい場合は、手を離して足を楽にし、真ん中の軸から右軸に乗って左側のお尻を浮かす、左軸に乗って右のお尻を浮かす練習をする。右に乗りながら頭も右に行ってしまうと倒れてしまうので、左の脇腹を締めることで軸を取る（左軸に乗った時は右わき腹を締める）。

背中の屈曲・伸展

膝の裏を掴んで座り、そこから背中を伸ばして緩めることで屈曲と伸展を行う。
肩の力を抜いて背骨を一個ずつ動かしていくよう意識する。

体幹をほぐすエクサ
サイズで、プッシュ
キックなどの動きに
共通性がある。

側屈

お尻を片側上げ、わき腹を伸ばす側屈運動。
片側の骨盤を持ち上げる、蹴りに通じた体の使い方となる。

座った状態で右に体重を掛けて
左側のお尻を浮かし右体側を伸
ばす(1)。反対側も同様に、左側
のお尻に乗って右側を浮かし左
体側を伸ばす(2)。伸ばしている
体側と反対側の手を地面に着き
体を支える(1、2)。

回旋

手を後ろに着き、足は肩幅に開く。

膝を左右に倒すが、胸はそのまま正面を向いたまま保つ。

股関節内外旋のストレッチであるとともに、胸椎やわき腹も伸ばされる。

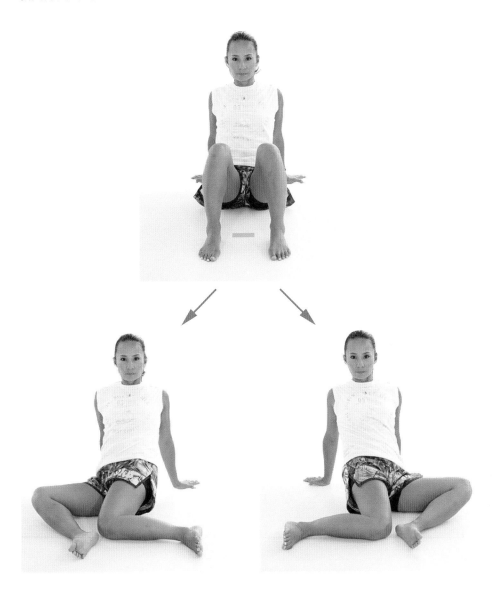

〈STEP1〉座っての回し蹴り①

足を開いて座り、その状態から蹴りの動作を行う。手を後ろに着いて
体を支えバランスを取る。腕を振り下ろし、交差させるように足を蹴り出す。
伸びた太ももとわき腹（蹴り足側）を縮めながら蹴っていく。

Front

Side

117

〈STEP2〉座っての回し蹴り②

慣れてきたら後ろに着いた手を離して蹴りの動作を行う。
手の支えがない分バランスを取るのが難しくなるが、自分でしっかり軸を取って蹴りを放つ。

〈STEP3〉座っての回し蹴り③

ステップ3ではさらに進め、蹴り足を床から浮かせて蹴りを行う。
かなりお尻を使うため、ヒップアップ効果が得られる。

座っての回し蹴り④―NG例

蹴りを戻す際しっかり後方まで引かないと股関節が十分に使われず、
太ももの前面しか使わない蹴りとなってしまう。
しっかり後方まで引いてからわき腹を収縮させて次の蹴りを放つ。

座っての前蹴り

座って左のお尻を浮かせた（左の骨盤を上げた）状態から左足を蹴り上げる。
お尻が床に着かないよう気をつける（右の蹴りは右のお尻を床へ着けずに行う）。

座ってのプッシュキック

プッシュキックも蹴り足側のお尻をつけずに行う。
膝を引き上げ、そこから体を後ろに引きながら前方に蹴り出す。

寝そべっての骨盤上げ

寝そべった状態から蹴り足を天井に向け、つま先立ちになって床を蹴って
足を持ち上げる。軸足・股関節をしっかり伸展させるトレーニングになる。

腹筋と背筋、太ももの裏、ふく
らはぎを使って足を上に持ち
上げる。これを何度か繰り返
す。このエクササイズを行うこ
とでプッシュキックのとき腰が
グッと入りやすくなる。

膝立ちでのミドルキック

足の上がりにくい人が行うことで足が上がりやすくなるエクササイズ。
膝立ちとなり、しっかり軸足に乗ってバランスを取り蹴りを放つ。
何回か繰り返すと、軸に乗る感覚ができ安定する。

軸足にしっかり乗って体を安定させ、わき腹を締め（側屈の感覚を使って）蹴りを放つ。このエクササイズを行った後、立って蹴りを放つと蹴りやすくなっているのが実感できる。

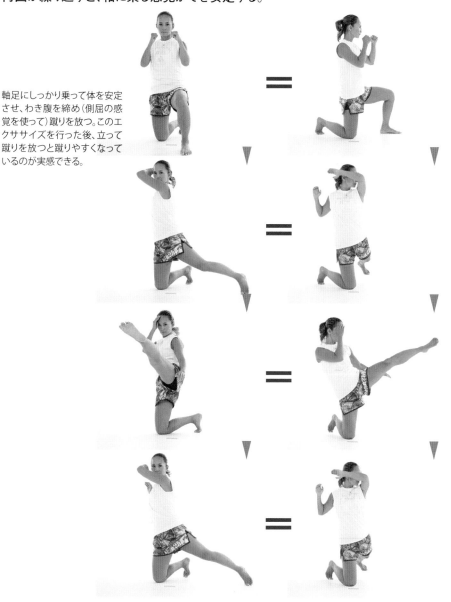

膝立ちでのストレート

パンチでしっかり前足に乗っていく感覚を養うエクササイズ。
膝立ちになって後ろ足を立て、つま先立ちにした後ろ足を回転させながらストレートを伸ばす。

ストレートを打って前膝が
グラついてしまったり、膝
が伸びてしまう、股関節に
乗り切れない人には体の
使い方を覚えるよいエク
ササイズとなる。

座ってのサイドキック

座った状態からサイドキックを放つ練習。
頭頂部から下へ伸ばしたラインより、外側へ蹴りを放って股関節を伸展させる。

蹴った時に足が手前（お腹側）に来るのはNG。慣れてきたら蹴り足を床から浮かせて行う。

壁を使ってのサイドキック

壁に手をついてバランスを取り、膝を曲げて抱え、遠くにサイドキックを蹴り出す。
蹴りと同時に手を伸ばす。何度か繰り返し、膝を抱えて伸ばす感覚を掴めるようにする。

壁を使ってのバックキック

サイドキック同様、壁に手をついてバランスを保ち、
一旦膝を抱え込んで後方に蹴り出す。
肩の上から自分のカカトが見えるようにする。

5
コンビネーション

これまで学んできた攻防の動きを
コンビネーションの中に織り込んで行う。
1カウントに1つずつ技を繰り出し、
8カウントで1つの流れを実施していく。

パンチのコンビネーション（初級）

正面向き

\Set/
0 構えから

1 ジャブを出し

2 戻る

後ろ向き

3 続いてストレート

4 戻る

5 ジャブ

6 右ストレート

7 左フックと続け

8 構えに戻って終了

1 ジャブ→2 構え→3 ストレート→4 構え→
5 ジャブ→6 ストレート→7 左フック→8 構え

\Set/

0 構えて

1 ジャブ

2 戻る

横向き

3 右ストレート

4 戻る

5 ジャブから

6 右ストレート

7 そして左フック

8 構えに戻る

パンチのコンビネーション（中級）

正面向き

\Set/
0

構えから

1

ジャブを突き

2

続いてボディジャブ

後ろ向き

3

体を起こして右ストレート

4

構えに戻る

5

左フック

6

戻って

7

右フック

8

再び戻る

1 ジャブ→2 ボディジャブ→3 ストレート→4 構え→
5 左フック→6 構え→7 右フック→8 構え

\ Set /
0　構えて

1　ジャブを伸ばし

2　すぐにボディジャブ

横向き

3　体を立たせて右ストレート

4　構えに戻り

5　左フック

6　戻って

7　続いて右フック

8　構えに戻り終了

パンチのコンビネーション（上級）

正面向き

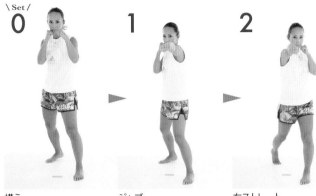

\ Set /
0 構え
1 ジャブ
2 右ストレート

後ろ向き

3 素早くジャブ（ワンツー）
素早くストレート（ワンツー）
4 左フックを繋げ

5 右アッパー
6 左アッパーと連係
7 最後に右フック
8 構えに戻る

1 ジャブ→2 ストレート→3 ワンツー→4 左フック→
5 右アッパー→6 左アッパー→7 右フック→8 構え

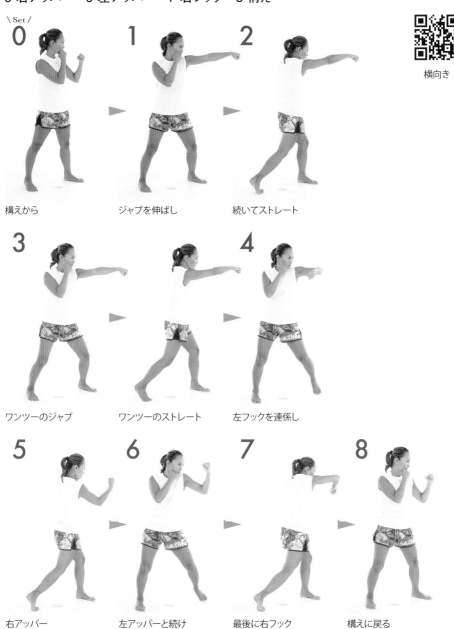

\Set/
0

構えから

1

ジャブを伸ばし

2

続いてストレート

3

ワンツーのジャブ

ワンツーのストレート

4

左フックを連係し

5

右アッパー

6

左アッパーと続け

7

最後に右フック

8

構えに戻る

横向き

キックのコンビネーション（初級）

正面向き

\Set/

0 構えから

1 後ろ足を寄せ

2 左テンカオ（ヒザ蹴り）

後ろ向き

3 左足を戻し

4 構えに戻る

5 左足を踏み出し

6 右ミドルキック

7 右足を戻し

8 構えに戻る

1 右スライドシャッフル→2 左ニーキック（テンカオ）→3.4 構え→
5 左ステップターンアウト→6 右ミドルキック→7.8 構え

\Set/
0

構えから

1

後ろ足を前足に寄せ

2

左ヒザ蹴り（テンカオ）

横向き

3

左足を戻し

4

構えに戻る

5

左足をナナメに踏み出し

6

右ミドルキック

7

右足を戻し

8

構えに戻り終了

キックのコンビネーション（中級）

正面向き

\ Set /
0 構えて

1 右フロントキック

2 足を戻して構え

後ろ向き

3 左ローキック

4 その足を左後ろへ引き

5 左ミドル

6 足を戻し

7 床に足をついて

8 構えに戻る

1 右フロントキック→2 構え→3 左ローキック→4 ななめ後ろに引く→
5 左ミドルキック→6 蹴り戻し→7.8 構え

\ Set /
0
構えから

1
右フロントキック

2
足を戻しつつ手を振り上げ

横向き

3
左ローキック

4
左足をナナメへ引き

5
左ミドルキック

6
足を戻し

7
足を床につき

8
構えに戻る

キックのコンビネーション（上級）

正面向き

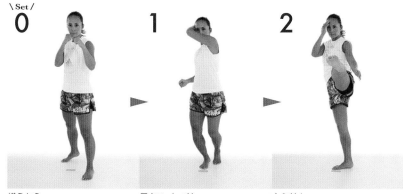

\Set/ 0
構えから

1
足をスイッチし

2
左ミドル

後ろ向き

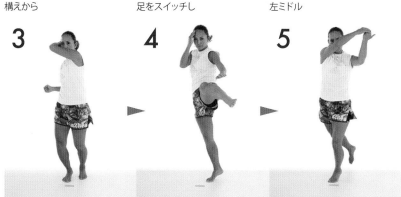

3
もう1度スイッチし

4
左ミドル

5
相手の後頭部を掴み右足を引き

横向き

6
右ニーキック

7
クリンチを続けつつ左足を引き

8
左ニーキックを打ち込む

1 クイックスイッチ→2 左ミドルキック→3 クイックスイッチ→4 左ミドルキック→
5 クリンチ（右足引く）→6 右ニーキック→7 クリンチ（左足引く）→8 左ニーキック

\ Set /

0

構えから

1

スイッチして足を入れ替え

2

左ミドル

3

もう1度スイッチし

4

再び左ミドル

5

相手の後頭部を掴み右足を引き

6

右ニーキック

7

クリンチしたまま左足を引き

8

左ニーキック

パンチ＆キックのコンビネーション（初級）

正面向き

\ Set /

0

構えから

1

後ろ足を前方に送り

2

左サイドキック

後ろ向き

3

足を戻し

4

構えに戻る

5

右ストレート

6

左アッパー

7

右ストレートと3連打

8

そして構えに戻る

1 クロスステップバック→2 左サイドキック→3.4 構えに戻る→
5 ストレート→6 左アッパー→7 ストレート→8 構え

横向き

0 \Set/

構えて

1

後ろ足を前足の後方に送り

2

手を伸ばしつつサイドキック

3

足を戻し

4

構えに戻り

5

右ストレート

6

左アッパー

7

右ストレートと3連打

8

構えに戻り終了

パンチ＆キックのコンビネーション（中級）

正面向き

後ろ向き

\Set/
0 構えから

1 ワンツーの左ジャブ

2 ワンツーの右ストレート

2 左フック

3 左足をナナメに向け

4 右ローキック

5 足を下ろしつつナナメに踏み

6 左ミドル

7 足をおろし

8 構えに戻る

1 ワンツー→2 左フック→3 左足ステップターンアウト→4 右ローキック→
5 右ステップターンアウト→6 左ミドルキック→7.8 構えに戻る

\Set/
0
構えから

1
ワンツー（左ジャブ）

ワンツー（右ストレート）

横向き

2
左フック

3
左足をナナメに向け

4
右ローを放ち

5
右足をナナメに向け

6
左ミドル

7
左足をおろし

8
構えに戻る

パンチ＆キックのコンビネーション（上級）

正面向き

\ Set /
0 構え

1 ジャブ

右ストレートのワンツー

2 左エルボー

3 右エルボーと連係

4 右足を踏み出し

後ろ向き

5 左ミドル

6 足を戻し

7 構えに戻って

8 右ストレート

1 ワンツー→2 左エルボー→3 右エルボー→4 右クロスステップフロント→
5 左ミドルキック→6.7 構えに戻る→8 ストレート

\ Set /

0 構えから

1 （ワンツー）ジャブ

（ワンツー）右ストレート

2 左エルボー

3 右エルボーと連係

4 右足をナナメに踏み出し

横向き

5 左ミドル

6 足をおろし

7 構えに戻って

8 右ストレート

ディフェンスを入れたパンチコンビネーション（初級）

正面向き

0 \ Set / 構えて

1 右フック

2 左フックを返し

後ろ向き

3 身を沈め

4 左にウィービング

5 続けて身を沈め

6 右にウィービング

7 ダッキングし

8 立ち上がって終了

1 右フック→2 左フック→3.4 左にウィービング→
5.6 右にウィービング→7.8 ダッキング

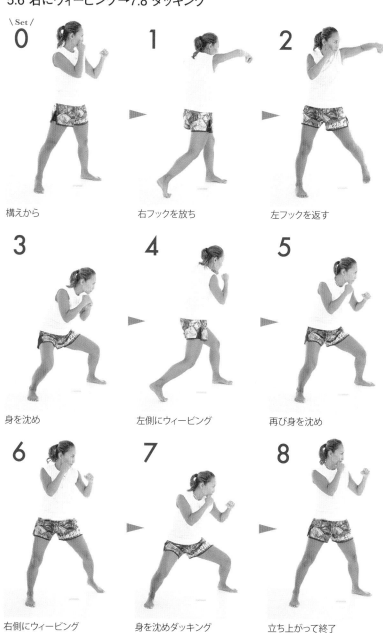

\ Set /
0
構えから

1
右フックを放ち

2
左フックを返す

3
身を沈め

4
左側にウィービング

5
再び身を沈め

6
右側にウィービング

7
身を沈めダッキング

8
立ち上がって終了

ディフェンスを入れたパンチコンビネーション（中級）

正面向き

後ろ向き

\Set/

0 構えから

1 左へスリッピングし

2 左アッパーを突き上げる

3 右へスリッピングし

4 右アッパーを突き上げる

5 ジャブを放ち

手を戻して

6 再びジャブ

7 ボディストレートを伸ばし

8 構えに戻って終了

1 左スリッピング→2 左アッパー→3 右スリッピング→4 右アッパー→
5 ジャブ→6 ジャブ→7 ボディストレート→8 構え

\ Set /

0 構えて

1 左へスリッピング

2 そして左アッパー

横向き

3 続いて右へスリッピング

4 そこから右アッパー

5 ジャブを出し

手を戻して

6 再びジャブ

7 ボディストレート

8 構えに戻り終了

ディフェンスを入れたパンチコンビネーション（上級）

正面向き

後ろ向き

\ Set /
0 構えから

1 左ステップしつつ左パーリング

2 そして右ストレート

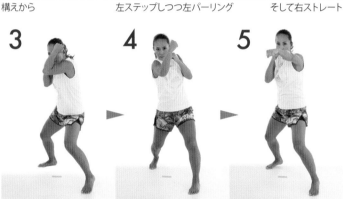

3 右ステップしつつ左ブロック

4 右アッパーを返し

5 ジャブを放ち

6 左フック

7 右フックと繋ぎ

8 構えに戻る

右ストレートのワンツー

1 左パーリング（左にステップ）→2 右ストレート→3 左ブロック（右にステップ）→
4 右アッパー→5 ワンツー→6 左フック→7 右フック→8 構え

\ Set /
0　**1**　**2**

横向き

構えて　　　　　左ステップして左パーリング　そこから右ストレート

3　**4**　**5**

右にステップしつつ左ブロック　　右アッパーを返し　　左ジャブ

6　**7**　**8**

右ストレートのワンツー　　そして左フック　　右フックと繋ぎ　　構えに戻り終了

ディフェンスを入れたキックコンビネーション（初級）

正面向き

\ Set /
0

構えから

1

右ニーブロックをし

2

足を戻しつつ次への構えを作り

後ろ向き

3

左ミドル

4

足を戻し

5

今度は左ニーブロック

6

足をおろし

7

構えを整え

8

終了

1 右ニーブロック→2 構え→3 左ミドルキック→4 構え→
5 左ニーブロック→6.7.8 構え

\ Set /
0

構えて

1

右ニーブロック

2

足をおろして次への構えを作り

横向き

3

左ミドル

4

足をおろし

5

今度は左ニーブロック

6

足を戻し

7

構えを整え

8

終了する

ディフェンスを入れたキックコンビネーション（中級）

正面向き

0 \Set/	1	2
構えから	左足を引きつつ左手・内回しでのはらい	右ローキック

後ろ向き

3	4	5
蹴り足を戻しつつ次の準備に入り	左ミドルキック	左足を戻し

6	7	8
プッシュキックを放ち	足をおろし	構えに戻る

1 左手払い（左足引く）→2 右ローキック
3 蹴り戻し→4 左ミドルキック→5 蹴り戻し→6 左プッシュキック→7.8 構え

\Set/
0

1

2

横向き

構えて

左足を後方に引き左手ではらう　すぐに右ローキック

3

4

5

蹴り足を戻して次の構えを作り　左ミドルキック

左足を戻して

6

7

8

プッシュキックを放ち

足をおろし

構えに戻る

ディフェンスを入れたキックコンビネーション（上級）

正面向き

\ Set /
0

構えて

1

右足を引きつつ相手の首を掴み

2

右のニーキック

後ろ向き

3

構えに戻り

4

手を前方に伸ばしつつバックステップ

5

そこから素早くスイッチをし

6

左ミドルを放ち

7

足をおろし

8

構えに戻る

1 クリンチ（右足引く）→2 右ニーキック
3 構え→4 バックステップ→5 クイックスイッチ→6 左ミドルキック→7.8 構え

\ Set /
0

横向き

構えて

1

右足を引きながら相手の首を掴み

2

右ニーキック

3

構えに戻って

4

手を前に出しつつバックステップ

5

そこから素早くスイッチして

6

左ミドルを出し

7

その足をおろし

8

構えに戻る

159

ディフェンスを入れたパンチ&キックコンビネーション（初級）

正面向き

\Set/
0 構えから

1 ジャブを出し

2 構えに戻り

後ろ向き

3 右ニーブロック

4 構えに戻り

5 スイッチして足を入れ替え

6 左ミドル

7 足をおろし

8 構えに戻る

1 ジャブ→2 構え→3 右ニーブロック→4 構え→
5 クイックスイッチ→6 左ミドルキック→7.8 構え

横向き

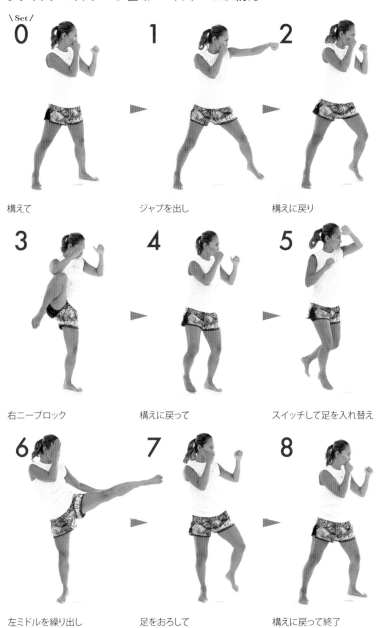

0 構えて

1 ジャブを出し

2 構えに戻り

3 右ニーブロック

4 構えに戻って

5 スイッチして足を入れ替え

6 左ミドルを繰り出し

7 足をおろして

8 構えに戻って終了

ディフェンスを入れたパンチ＆キックコンビネーション（中級）

正面向き

後ろ向き

0 構えから

1 ジャブ

2 右ストレート

3 手を戻して左ブロック

4 続いて右ブロック

5 左フックから

6 左足をナナメに向け

7 右ローキック

8 足を戻して構える

1 ジャブ→2 ストレート→3 左ブロック→4 右ブロック→
5 左フック→6 左ステップターンアウト→7 右ローキック→8 構え

横向き

\ Set /
0

1

2

構えて

ジャブ

右ストレートと放ち

3

4

5

手を戻し左ブロック

続けて右ブロック

左フックを返し

6

7

8

左足をナナメに向け

右ローキックを放ち

足を戻して構える

ディフェンスを入れたパンチ＆キックコンビネーション（上級）

正面向き

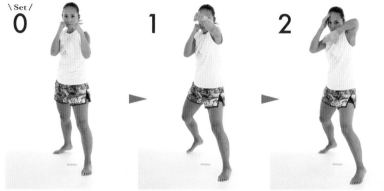

\Set/
0 構えから

1 ジャブ

2 手を戻してすぐ左エルボー

後ろ向き

3 手を前に伸ばしてバックステップ

4 右エルボー

5 相手を掴みつつ右足を引き

6 右ニーキック

7 続いて掴みながら左足を引き

8 左ニーキック

1 ジャブ→2 左エルボー→3 バックステップディフェンス→4 右エルボー→
5 クリンチ（右足引く）→6 右ニーキック→7 クリンチ（左足引く）→8 左ニーキック

\Set/
0 構えて

1 ジャブ

2 手を戻しすぐに左エルボー

横向き

3 その手を前に伸ばしバックステップ

4 そして右エルボー

5 相手を掴んで右足を引き

6 右ニーキック

7 続いて掴みつつ左足を引き

8 左ニーキック

実際のワークアウト

＼ さぁ! 一緒にやってみましょう!! ／

前ページまで、キックボクサイズにおいて必要な動き、その個々について解説してきました。実際のキックボクササイズのワークアウトでは、それらの動きを組み合わせて、10 分〜 20 分間、動き続けることになります。ダンスにおいて、基礎となるアイソレーションやステップがあり、それらを組み合わせてルーティーン（小作品）を踊るのと同様です。キックボクササイズにおいても、個々の技の動きをスムーズに繋げられると、まさしく心が躍るものとなるでしょう。大人数で一緒に行って、動きがピッタリとシンクロしたときの連帯感は格別ですし、一方で、人目を気にせず、ひとり自宅で映像を視ながら "コソ練" するのも心地よさがあるものです。うまくフォームがつくれなくたって、動きのテンポがズレたって、気にしない、気にしない。一番大切なのは、楽しむこと。楽しんでいれば、問題は時間が解決します。さぁ!　それでは、3つのワークアウト、一緒にやってみましょう!

ワークアウトメニュー❶

ビギナーの方が取り組む、
あるいはウォームアップとして行うのに適したメニューです。
12分30秒ほどのワークアウトとなります。

正面

後ろ向き

ワークアウトメニュー❷

一般的なレベルのメニューです。
9分40秒ほどのワークアウトとなります。

正面

後ろ向き

ワークアウトメニュー❸

運動量が大きく、上級者向けのメニューです。
8分ほどのワークアウトとなります。

正面

後ろ向き

ワークアウトメニュー❶〜❸をすべて行うと、30分間ほどの有酸素運動となります。

自宅でできる<ruby>自<rt>じ</rt></ruby><ruby>宅<rt>たく</rt></ruby>でできる
キックボクササイズ

2021年10月31日　第1版第1刷発行

著　者　岡田敦子（おかだあつこ）
発行人　池田哲雄
発行所　株式会社ベースボール・マガジン社
　　　　〒103-8482 東京都中央区日本橋浜町2-61-9 TIE浜町ビル
　　　　電話 03-5643-3930（販売部）
　　　　　　　03-5643-3885（出版部）
　　　　振替00180-6-46620
　　　　https://www.bbm-japan.com/

印刷・製本　共同印刷株式会社